JN272838

そだててみよう！
はじめての栽培
ヒマワリ

監修 ★ 松井 孝

しょくぶつは生きている

　花だんや道ばたの草花、公園や校庭の木、はたけのやさいなど、みぢかにたくさん見られるしょくぶつ。みなさんは、しょくぶつをかんさつしたことがありますか？

　しょくぶつを大事にそだてながら、じっくりかんさつすることで、成長していくすがたや、へんかするようす、そして、しょくぶつも生きていることに気づいていくでしょう。

　しょくぶつは同じばしょでうごかずに、ことばを話すこともできませんが、わたしたちと同じように、よう分を体にとり入れ、こきゅうをして、成長する生きものなのです。いのちあるしょくぶつを、大切にそだてましょう。

さいばいのじゅんび

ヒマワリをそだてるために、さいしょにじゅんびするものをしょうかいします。

花だん

花だんにするばしょは、日当たりと風通しがよいところをえらびましょう。日かげでは、ヒマワリが元気にそだちません。花だんにほかの草が生えていたら、ぬいておきましょう。

たね

ヒマワリのたねは、春になるとホームセンターやえんげい店で売られます。花の色や形、草たけの高さなどをかくにんして買いましょう。

ちゅうい

- スコップやシャベルなどを人にむけたり、ふりまわしたりしてはいけません。人に当たると、きけんです。
- さぎょうはなるべく、日中のあついときでなく、午前や夕方などの気温がひくいときにしましょう。
- さぎょうをした後は手に土がつくので、かならず手をよくあらいましょう。
- ふくそうは、長そで、長ズボンにし、できるだけぼうしをかぶりましょう。

もくじ

- ヒマワリって、どんな草花？ ……… 4
- たいようみたいなヒマワリ ……… 6
- さあ、そだてよう ……………… 8
- たねをまこう ……………… 10
- 土の中からめが出たよ ………… 12
- 葉がひらいたよ ……………… 14
- どんどん出てくる葉 …………… 16
- 水やり、ひりょうやり ………… 17
- 大きな葉と太いくき …………… 18
- たいようのほうをむく ………… 20
- つぼみがついたよ ……………… 22
- 大きな花がさいたよ …………… 24
- 外がわの花と内がわの花 ……… 26
- たねのしゅうかく ……………… 28
- もっと知りたい！ヒマワリ …… 30

※ページ下のらん外には、さいばいについてくわしいせつめいがしるされています。おとなの人といっしょに読んでください。

ヒマワリって、どんな草花（くさばな）？

　ヒマワリは、夏に花がさく、せの高い草花です。北アメリカという地いきがふるさとで、そこにすんでいた人たちは、むかしからヒマワリをそだてていました。それがせかいじゅうにつたわり、日本には江戸時代につたわってきました。

「せが高く、花も大きいよ！」

「じょうぶなくきで、しっかりと立っているんだね。」

花
花は、くきの先につきます。外がわには大きな花びらがあり、内がわには、おしべやめしべがあります。花の色は、ふつう黄色です。

花を半分に切ったところ。

葉
ハートのような形の大きな葉で、まわりにはギザギザの切れこみが入っています。ひょうめんには毛が生え、「葉みゃく」という太いすじが目立っています。

くき
太くてじょうぶなくきが、まっすぐにのびます。ひょうめんには、たくさんの毛が生えています。

たいようみたいな ヒマワリ

　学校や家でそだてるヒマワリは、だいたい大きくて黄色い花がさきますが、ほかにも、花の色や形のちがういろいろなヒマワリがあります。すきなヒマワリをえらんで、そだててみましょう。どの花もたいようみたいに丸くて、さんさんと光が出ているようです。

　ヒマワリは、かん字では「日回り」と書き、たいようをあらわす「日」という字が入っています。また、英語でも「たいようの花」といういみの「サンフラワー」という名前でよばれています。

ロシアヒマワリ
高さが2メートルいじょう、花の直けいが25センチいじょうになる大きなヒマワリです。ロシアでよくそだてられていたので、この名前がつきました。ヒマワリの代表です。

リングオブファイアー
赤と黄色の2色の花びらをもつヒマワリです。高さは1～1.4メートルで、花の直けいはおよそ15センチです。

サンゴールド
オレンジ色の花びらが、内がわまでびっしりです。たねはほとんどできません。高さはおよそ1.5メートル、花の直けいはおよそ15センチのヒマワリです。

ムーランルージュ
茶色がかったこい赤で、チョコレートのような色の花です。高さは2メートルにもなり、花の直けいは10〜14センチです。

小夏
高さが25センチほどの小さなヒマワリで、うえ木ばちによくうえられます。つぎつぎと花がさき、1か月ほど楽しめます。

レモンエクレア
つんつんとした形の、うすい黄色の花びらがとくちょうのヒマワリです。高さはおよそ1.2メートル、花の直けいはおよそ15センチです。

ムーンシャドウ
花びらがうすいクリーム色で、まん中が茶色のヒマワリです。高さはおよそ1.2メートル、花の直けいは、9〜12センチです。

> 花は黄色だけじゃないんだ！

> せの高さや花の大きさも、いろいろだね。

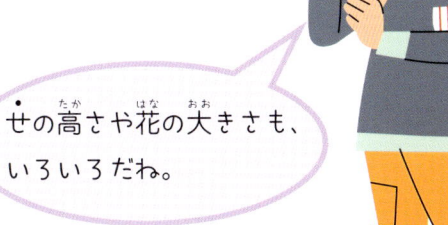

ヒマワリを選ぶときに、「食用ヒマワリ」を選ぶと、大きくて味のよい種子がたくさん実ります。

さあ、そだてよう

　右の「さいばいカレンダー」をさんこうにして、気温が上がってくる4月から6月の間に、ヒマワリのたねをまきましょう。

　ヒマワリは大きくそだつので、うえ木ばちではなく、地面にちょくせつたねをまいたほうが、そだてやすいです。ヒマワリをどこでそだてるかきめたら、「じゅんびするもの」をかくにんし、ひつようなものをそろえましょう。

1月	2月	3月	4

そだてやすいばしょ

ヒマワリは、日当たりがよく、水はけのよいところがそだてやすい。日かげでは、あまりじょうぶにそだたない。

じゅんびするもの

ホームセンターや、えんげい店などでそろえられます。まくばしょやたねについては、2ページも見ましょう。

- ヒマワリのたね
- たいひ
- ひりょう
  - かせいひりょう 8:8:8
  - えきたいひりょう

種まきのときに混ぜる元肥用には、チッ素8：リン酸8：カリ8の割合の化成肥料を、後から与える追肥用には、チッ素6：リン酸10：カリ5の割合の液体肥料を用意しましょう。

さいばいカレンダー

5月	6月	7月	8月	9月	10月	11月	12月

たねをまく

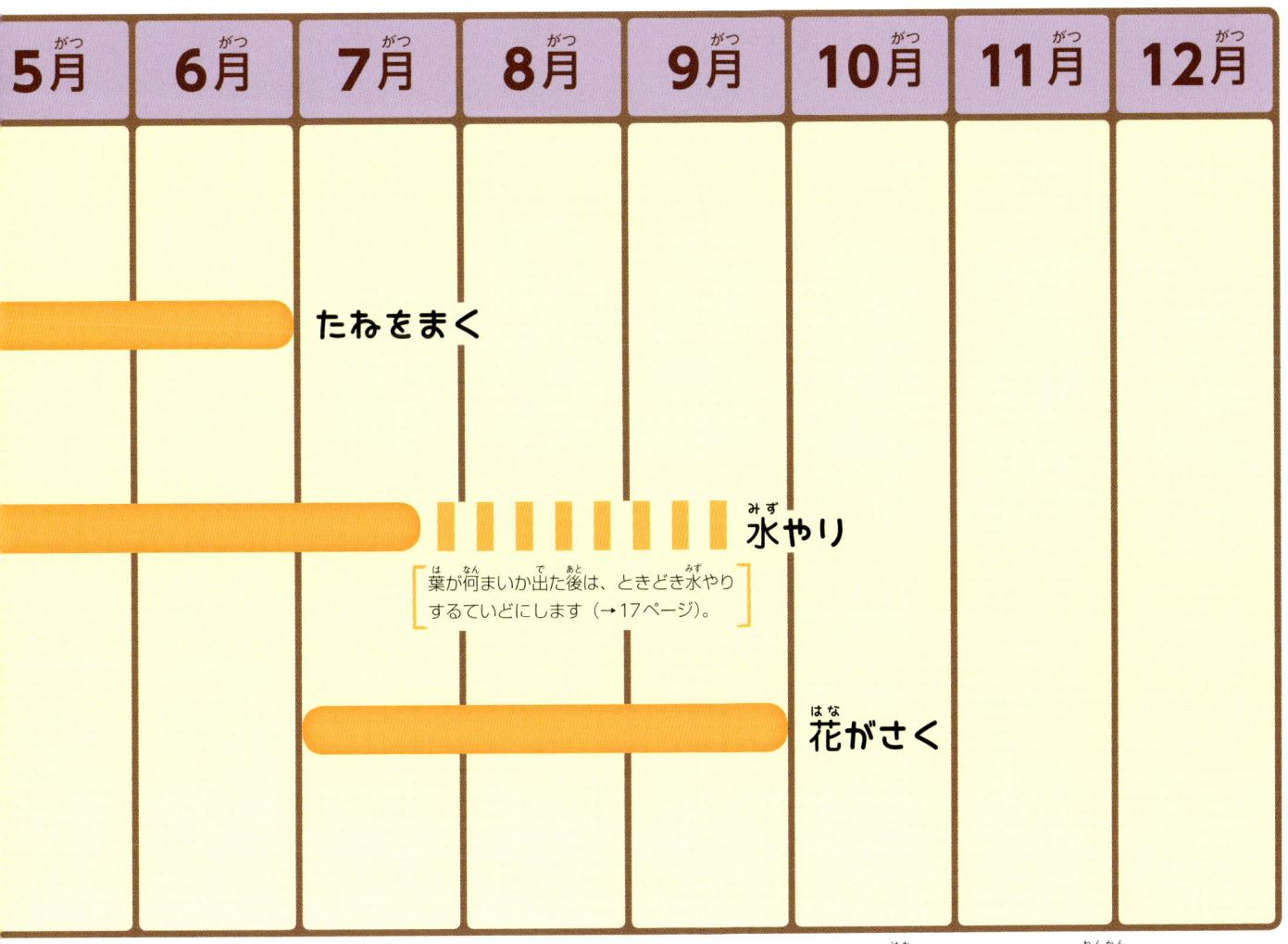

水やり

[葉が何まいか出た後は、ときどき水やりするていどにします（→17ページ）。]

花がさく

さぎょうをするじきや、花のさくじきを、1年間のカレンダーにしています。オレンジ色のおびが、それぞれのじきです。

じょうろ

スコップ

園げい用の不織布（虫や鳥からたねやめをまもるもの。あるとべんり）

手ぶくろ、長ぐつ、エプロンなどがあると、手やふくがよごれにくい。ぼうしがあると、日よけになる。

この本で紹介している栽培の方法や時期などは、関東地方を基準にしたものです。育てる地域や環境、その年の気候などによっては当てはまらないことがあるかもしれません。

たねをまこう

たねをまくじきは4月から6月までですが、4月か5月にまくと、ヒマワリは大きくそだちます。

たねは、からがかたいので、めを出やすくするために、たねまきの前に水につけておきましょう。

たね

（じっさいの大きさ）

へそ

しましまもようのたねです。細いほうの先は、「へそ」とよばれます。

※ヒマワリのひんしゅによっては、まっ黒のたねもあります。

たいひ
1平方メートルあたり2キログラム。

まぜる

かせいひりょう
1平方メートルあたり100グラム。

土のたがやし方

よぶんな草をとってから、たいひと、かせいひりょうをまき、シャベルやスコップでたがやしながら、よくまぜます。土がかたまっているところは、細かくくだきましょう。

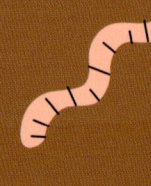

たねのえらび方

たねまきの前の日から、たねを水にひとばんつけておきます。ひとばんたって、ういているたねは、めが出ないことが多いので、とりのぞきましょう。また、よこから見て、あつみのあるたねがよいたねです。

めが出ないたね。

よいたね。

○ あつみがある
× ぺちゃんこ

めが出るまで、毎日わすれずに水やりしよう。

たねのまき方

たがやした土に、人さしゆびで1～2センチのふかさのあなをあけましょう。1か所に、2つか3つのあなを少しはなしてあけます。あなにたねを1つ、よこむきに入れ、土をかぶせて手のひらでひょうめんをかるくたたきます。

まきおわったら、水をたっぷりとやりましょう。

2、3つぶまく。

たねはよこむきにまこう。

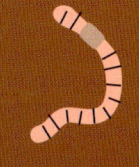

30～50センチはなして、つぎのばしょにも2、3つぶ、たねをまく。

11

土の中からめが出たよ

　たねをまいてから、1週間ほどたつと、めが出ます。でも、土の中では、すでに根がたねのからをわって、出てきています。
　もともとたねにたくわえられていたよう分と、根ですい上げた土の中の水をつかって、めがそだっていくのです。

鳥にちゅうい

鳥は、しょくぶつのたねやめが大すきです。だから、せっかくまいたたねや、出たばかりのめが食べられてしまうことがあります。花だんのまわりに鳥がたくさんいる場合は、たねをまいた後、しばらく不織布やネットをかぶせて、鳥に食べられないようにしましょう。葉が出てくれば、食べられるしんぱいがなくなるので、かぶせていたものをとっても、だいじょうぶです。

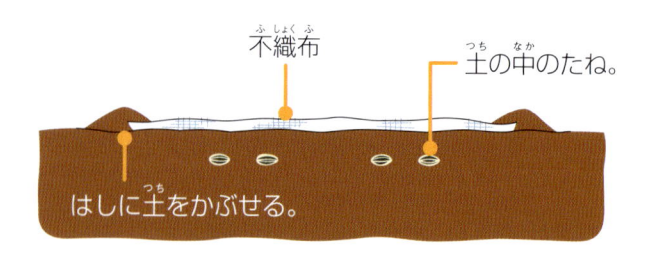

不織布
土の中のたね。
はしに土をかぶせる。

「不織布」は、水や日光を通すので、成長のさまたげになりません。

根は、たねのへそのぶぶんから出てきます。

根が下にのびていきます。わかい根には、細かい毛が生えています。

細かい毛を「根毛」といいます。

めは力もち！

しょくぶつのめは、小さくてたよりなさそうに見えます。でも、めばえる力はとても強く、土をおしのけて地上に出てきます。道のコンクリートのわれめから、めが出てくることもあります。

根が出るぶぶん。

石をもち上げて出てきたヒマワリのめ。

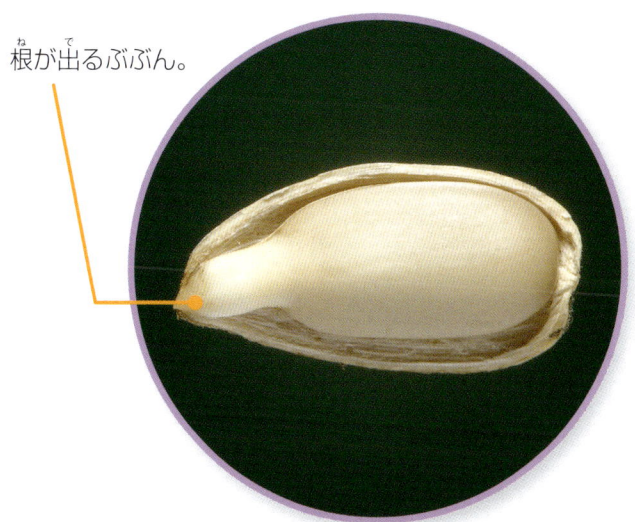

たねのからをわったところ。からの中には、根やめのもとになるぶぶんや、よう分がつまっています。

めが出た！

根がさらにのびて、えだ分かれしてきました。

じくが上にのび、土をおしのけて地上にめが出ます。

13

葉がひらいたよ

　めが出ると、じくの先には「子葉」という葉がむかい合ってひらきます。さらに、子葉の間からくきがのびて葉が出てきますが、子葉とはちがう形の葉になります。葉のちがいをかんさつしてみましょう。

むかい合う2まいの子葉の間から、小さな葉が出ています。葉は、子葉のよう分をつかって、そだちます。

子葉のつぎに出た葉が大きくなり、ひらきました。ふちには、ヒマワリの葉にとくゆうのギザギザはありません。

　めが出るまでは、毎日わすれずに水をやりましょう。また、まわりに、ほかの草がのびてきたら、草とりをしましょう。

子葉

葉

たまご形で、つるつるとしています。ほかの葉を出すためのよう分をたくわえているので、あつみがあります。葉でよう分が作られるようになると、子葉はかれます。

先がとがり、ふちがギザギザしています。ひょうめんには毛が生えていて、「葉みゃく」とよばれるすじがあります。葉では、日光と水、空気をつかって、よう分が作られます。

めを1本にしよう

たねは、1か所に2、3つぶ、まいています。めが出て2まい葉がひらいたら、いちばんじょうぶそうなものを1本のこして、あとはとりのぞきましょう。そうすると、元気でじょうぶなヒマワリがそだちます。

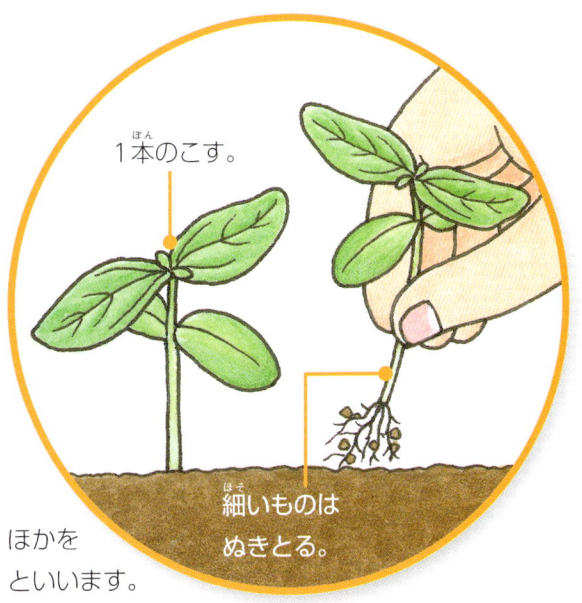

ふちにギザギザのない葉のつぎからは、ふちがギザギザして先がとがった形の、ヒマワリらしい葉が出てきます。

1本のこす。

細いものはぬきとる。

えらんだかぶをのこして、ほかをぬきとることを「間引き」といいます。

どんどん出てくる葉

　たねまきから1か月をすぎると、ヒマワリのくきは太くなりはじめ、葉が何まいも出てきます。

　ヒマワリがみなさんのせよりもひくいうちに、いろいろなほうこうから、葉のつき方をかんさつしてみましょう。葉はあちこちと勝手についているのではなく、きちんときまり通りに出てくるのです。

よこから見た葉

葉が出はじめてしばらくは、2まいの葉がむかい合ってつきますが、成長するにしたがい、下の葉とかさならないように、1まいずつずれて出てくるようになります。ぐるぐるとくきを回り、らせんかいだんをのぼるように葉がつきます。

上から見た葉

上から見ると、葉が少しずつずれてつき、ほとんどかさなっていないことがわかります。そのため、どの葉も、日光をたくさんあびることができるのです。

水やり、ひりょうやり

　ヒマワリは、夏のあつさにもまけない、じょうぶなしょくぶつです。あまり手はかかりませんが、毎日、ヒマワリのようすを見て、元気にそだっているか、かくにんしましょう。

水やり

たねをまいてから、めが出るまでは、1日1回、朝に水やりをします。葉が何まいか出た後は、土がかわいていたら、たっぷりとやるようにしましょう。真夏は土がすぐかわくので、葉がしおれないように、気をつけてようすを見るようにしましょう。

えきたい
ひりょう

ひりょうやり

ヒマワリの根は、土の中のよう分をすい上げる力が強いので、うえてからは、ひりょうをやらなくてもだいじょうぶです。もしも、下の葉が黄色くなったり、そだちがよくなかったりしたら、草とりをして、ききめの早いえきたいひりょうをやりましょう。えきたいひりょうは、水でうすめてつかうタイプをえらび、ようきに書いてあるせつめいをよく読んでつかいましょう。

大きな葉と太いくき

　つぼみがつくまでの間、ヒマワリは日光をあびながら、どんどん大きくなります。大きな葉で作ったたくさんのよう分と、根ですい上げたよう分によって、家の2かいまでとどくくらい、大きくそだつこともあります。太いくきとたくさんの根で、大きな体をしっかりささえているのです。

まだつぼみはついていませんが、葉もくきもずいぶん大きくなっています。土の中では、大きな体がたおれないように、根をしっかりとはり、水やよう分をすい上げています。

花がおわったヒマワリをほり出しました。根のはり方を見ると、葉の広がり方と同じくらい、よこに広くのびています。

くき

くきは上のほうよりも、下のほうが太くなっています。手でにぎると、太さがよくわかります。くきの中には、水やよう分の通り道になるくだがあります。

手とくらべると、大きさがわかりやすいね。

葉

葉は、広げた手よりもずっと大きいです。葉に通っている葉みゃくも、水やよう分の通り道になっています。くきと葉は、水やよう分を体中にめぐらせるやくわりもあるのです。

日かげのヒマワリ

日かげでそだったヒマワリは、よう分をあまり作れないので、細くて弱よわしくなります。ヒマワリが大きくそだつためには、日光がとても大事なのです。

たいようのほうをむく

　しょくぶつの多くは、光がくるほうをむくしゅうせいがあります。日光にたくさん当たると、体の中でよう分をたくさん作ることができるからです。

　ヒマワリが「日回り」とよばれるのは、たいようのほうをむいて、ぐるっと回るようにうごくから、といわれています。本当に、たいようのうごきをおいかけて回るのでしょうか？

　朝、昼、夕方、夜にかんさつしてみよう！

たいよう　　朝

まだ花がさく前のヒマワリです。くきの先がまがって朝日のほうをむいています。

昼

たいようが空の上にのぼると、くきの先が上をむいています。

小さなころ

朝 **夕方**

> 日光にたくさん当たるために、たいようのほうをむくんだね。

ヒマワリは、葉が出たばかりの小さなころから、たいようのほうをむきます。でも、うごくのは、つぼみがつくときまで。花がさくころになると、たいようをおって、うごくことはありません。

夕方 **夜**

しずむ夕日をおって、くきの先が朝とはぎゃくにまがっています。

夜中の間に、夕日のほうをむいていたくきの先が、朝日の出るほうへ少しずつむきをかえていきます。

つぼみがついたよ

　たねまきから2か月ほどたつと、くきのてっぺんに、小さなかたまりが見えてきます。それは、つんつんととがった葉につつまれていて、だんだんと大きくなります。このとがった葉につつまれたかたまりが、ヒマワリのつぼみなのです。

つんつんととがっているのも、葉なんだって！

いくつものとがった葉のおくに、小さなつぼみができています。
つぼみができると、くきはあまりのびなくなります。

つぼみのまわりにある細くてとがった葉は、「そうほう」といいます。つぼみをつつんで、まもるやくめをしています。そうほうがひらくと、中には花びらが見えます。

そうほうの中のつぼみは、まだみどり色です。できたばかりのつぼみは上むきですが、大きくなるにつれて、よこをむきます。

> 花は、外がわからじゅんばんにひらいていくんだよ。

そうほうの中の花びらが、黄色く色づきました。花びらはまだとじたままです。これから、だんだんとつぼみがひらきます。

とじていた花びらが、ひらいてきました。そのすきまから、花の内がわが見えます。内がわにある花も、ひらいていきます。

ぜんぶひらくまで、あともうひといきです。そうほうは、外がわの花びらにかくれて、前からはほとんど見えなくなります。

大きな花がさいたよ

つぼみがぜんぶひらききり、大きな花がさきました。2週間ほど、たいようのような花をさかせます。花がさいたら、もうくきはのびず、葉もふえません。

たいようみたいな大きな花がさいた！

すごくせが高いよ！

せが高く、花のみごとなヒマワリです。大きなものでは、高さが3メートル、花が直けい30センチにもなります。

まんかいのヒマワリ畑。たくさんのヒマワリが、まるでせの高さや花の大きさをきそい合っているかのようです。みんなそろって、朝日の出るほうをむいてさきます。

外がわの花と内がわの花

　ヒマワリの花は、大きな1つの花に見えますが、本当は小さな花がたくさんあつまって、さいています。
　外がわには大きな花びらをもつ花があり、内がわには、花びらの目立たない小さな花があるのです。

内がわの花が、まだぜんぶさききっていないヒマワリ。外がわは、花びらの1まい1まいが、1つの花です。内がわは、小さなつぶのようなものが、それぞれ1つの花です。内がわの花は、さいたところから、細長いおしべとめしべが目立ってきます。

ぜつじょう花

外がわの花。大きな花びらが1まいあります。「ぜつじょう花」というかざりの花で、ふつう、めしべとおしべはなく、たねができません。

かんじょう花

内がわの花。花びらがとても小さく目立たない花で、「かんじょう花」といいます。大きなヒマワリでは、2000ものかんじょう花があつまっています。めしべとおしべがあり、おしべから出る花ふんがめしべにつくと、たねができます。

めしべ
おしべ
花びら

虫がやってきた！

かざりの花にさそわれて、ミツバチがみつや花ふんをあつめにやってきました。虫が体についた花ふんを、花から花へはこぶことで、めしべに花ふんがつき、たねができます。

ヒマワリの花は、小さな花がたくさんあつまっているんだね！

内がわの花が、まんかいになりました。

内がわの花は、外から中へむかって、じゅんばんにさいていきます。ぜんぶさくと、内がわ全体がもり上がります。

たねのしゅうかく

夏のおわりから秋になると、ヒマワリの花はかれて、首をたれます。でも、しばらくたつと、たねをしゅうかくすることができるようになります。内がわの花のところに、たくさんのたねが実っているのです。

ヒマワリの花が首をたれるのは、たねができておもくなったためです。たねがじゅくして、黒っぽくなったら、しゅうかくしましょう。

ヒマワリのたねを食べにきたカワラヒワ。じゅくしたたねは、鳥やネズミの食べものにもなります。

切って

花がさきおわって、1か月いじょうたつと、たねがとれます。くきを切って、ひもでしばった後、風通しがよく雨が当たらないところに、1週間ほどつるして、かわかしましょう。

ほして

たねをとろう！

かわかしたら、たねのぶぶんを手でもむようにすると、たねがぽろぽろととれます。とれたたねは、ふうとうなどに入れて、くらくてすずしいばしょにほかんしておきましょう。

また来年、たねをまこう！

たねが、ぎっしりとならんでいます。1つの花からは、およそ1000このたねがとれます。みなさんのヒマワリからは、いくつのたねがとれたでしょうか？

もっと知りたい！ヒマワリ

　ヒマワリについて、何か気になることや、ぎもんにかんじたことはありませんか？　さいごに、よく聞かれるしつもんをあつめてみました。

Q ヒマワリは、つぼみのときまではたいようのほうをむくのに、どうして花がさくと、むかなくなるの？

A 　ヒマワリがたいようのほうをむくきかんは、めが出てからつぼみがひらく前まで、つまり、成長している間だけです。いっぱい成長するには、よう分がたくさんひつようです。たいようのほうをむいた葉は、日光をたくさんあびて、成長するためのよう分をどんどん作ります。また、葉のつき方も、かげにならないように少しずつずれてついています（→16ページ）。ヒマワリには、日光を多くうけるための、くふうがたくさんあるのです。でも、花がさくころには、くきの成長が止まります。しょくぶつはしそんをのこすために成長して花をさかせ、たねを作ります。花がさいてたねを作るじゅんびがすむと、よう分はあまりいらなくなるので、たいようのほうをむくひつようがなくなるのです。

成長期はよくうごく。

花がさいて成長が止まると、うごかなくなる。

Q ヒマワリのとなりに、ほかの花をうえたけど、大きくそだたないよ。どうしてかな？

A ヒマワリは、土の中のよう分をすい上げる力が強いしょくぶつです。そのため、まわりの草花は、とり入れるよう分が少なくなってしまい、うまくそだたないことがあります。ヒマワリの根がよう分をよくすうひみつは、「VA菌根菌」という、土の中にいるカビのなかまにあります。ヒマワリの根にはこのVA菌根菌がくっついていて、ヒマワリが成長するのにひつようなリンなどのよう分を、土の中からたくさんあつめてくれるのです。そのかわりに、VA菌根菌は、ヒマワリが日光と空気と水から作ったよう分を、少しもらって生きています。

地中にはるヒマワリの根。

Q 秋にヒマワリがさいているのを見かけたよ。夏にしかさかないんじゃないの？

A ヒマワリはふつう、夏に花をさかせるように、春にたねをまきます。でも、たねをまくじきをおくらせ、6月にたねをまくと9月に、7月にたねをまくと10月に花がさきます。ヒマワリは、あつさに強いしょくぶつですが、気温がひくくなる秋にも、花を見ることができます。南のあたたかい地いきでは、秋にたねをまいても、1月ごろに花がさきます。

夏も秋もさくよ！
夏
秋

Q 小鳥やハムスターは、ヒマワリのたねを食べるけど、人もヒマワリのたねを食べられるの？

A 人もヒマワリのたねを食べることができます。おやつとして食べている人もいます（たねを食べる場合は、「食用ヒマワリ」をそだてましょう）。29ページをさんこうに、たねをしゅうかくしたら、フライパンでいって、しおをふってください。さわれるくらいにさめたら、からをわって、中身を食べましょう。こおばしくて、おいしいですよ。
※おとなの人といっしょに作りましょう。

フライパンでいって、しおをふる。

かわをわって、中身を食べる。

監　　修	★	松井　孝
デザイン	★	亀井優子／ニシ工芸株式会社
イラスト	★	タニグチコウイチ／高橋悦子
編　　集	★	ネイチャー・プロ編集室（室橋織江／三谷英生）
写　　真	★	久保秀一
写真協力	★	小須田　進／ネイチャー・プロダクション／アルスフォト企画

監修　松井　孝

1940年愛知県生まれ。玉川大学農学部卒業。元玉川大学教授。大学では園芸関係の授業を担当。『栽培と観察がおもしろくなる』シリーズ（監修・共著／ポプラ社）、『フィールドワークで総合学習 自然・環境体験』シリーズ（監修・共著／金の星社）、『生活と園芸』（編・共著／玉川大学出版部）、『こだわりの家庭菜園』（共著／NHK出版）、『1週間から3カ月で収穫できる野菜作り』（監修／成美堂出版）、『ミニ＆ベビー野菜のコンテナ菜園』（講談社）、『ベランダでサラダ野菜』（主婦の友社）ほか著書多数。

そだててみよう！はじめての栽培
ヒマワリ

初版発行／2013年3月　第2刷発行／2018年8月

監　修／松井　孝

発行所／株式会社金の星社
　　　　〒111-0056　東京都台東区小島1-4-3
　　　　電話　03（3861）1861（代表）　FAX　03（3861）1507
　　　　ホームページ　http://www.kinnohoshi.co.jp
　　　　振替　00100-0-64678

印　刷／株式会社廣済堂
製　本／東京美術紙工

NDC 620　32P　29.3cm　ISBN 978-4-323-04243-5

©Nature Editors, 2013
Published by KIN-NO-HOSHI SHA, Tokyo, Japan

乱丁・落丁本は、ご面倒ですが小社販売部宛にご送付ください。
送料小社負担にてお取り替えいたします。

JCOPY（社）出版者著作権管理機構 委託出版物
本書の無断複写は著作権法上での例外を除き禁じられています。
複写される場合は、そのつど事前に（社）出版者著作権管理機構
（電話 03-3513-6969、FAX 03-3513-6979、e-mail: info@jcopy.or.jp）の
許諾を得てください。

※本書を代行業者等の第三者に依頼してスキャンやデジタル化することは、
　たとえ個人や家庭内での利用でも著作権法違反です。

そだてみよう！はじめての栽培

全5巻

シリーズNDC620（園芸）　各巻32ページ　図書館用堅牢製本

学校や家庭で育てることの多い身近な植物について、栽培手順や成長のようすを楽しく紹介するシリーズ。はじめての栽培でも楽しく世話ができるように、たくさんの写真やイラストでわかりやすく解説します。また、植物の特徴や品種紹介、さらに知識を深める質問コーナーも加えて、それぞれの植物について幅広く知ることができます。

ミニトマト

ミニトマトって、どんなやさい？／どのミニトマトをそだてる？／さあ、そだてよう／よいなえをえらぼう／なえをうえよう／しちゅうを立てよう／水やりをしよう／ひりょうをやろう／わきめが出たら／花と実はどこにつくかな？／くきの成長を止めよう／実が赤くなってきたよ／さあ、しゅうかくだ／おいしく食べよう／もっと知りたい！　ミニトマト

アサガオ

アサガオって、どんな草花？／どのアサガオをそだてる？／さあ、そだてよう／たねをまこう／早くめが出ないかな／2しゅるいの葉／水やり、ひりょうやり／しちゅうを立てよう／どんどんのびるつる／つぼみがついたよ／花がさいたよ／1日でしぼむ花／秋のアサガオ／もっと知りたい！　アサガオ

ヒマワリ

ヒマワリって、どんな草花？／たいようみたいなヒマワリ／さあ、そだてよう／たねをまこう／土の中からめが出たよ／葉がひらいたよ／どんどん出てくる葉／水やり、ひりょうやり／大きな葉と太いくき／たいようのほうをむく／つぼみがついたよ／大きな花がさいたよ／外がわの花と内がわの花／たねのしゅうかく／もっと知りたい！　ヒマワリ

チューリップ

チューリップって、どんな草花？／色とりどりのチューリップ／さあ、そだてよう／きゅうこんをうえよう／冬のさむさが大事／めが出たよ／葉がのびてきた／色づくつぼみ／花がさいたよ／とじひらきする花／花がさきおわったら／きゅうこんをほろう／水さいばいにちょうせん／もっと知りたい！　チューリップ

サツマイモ

サツマイモって、どんなやさい？／いろいろなあじのサツマイモ／さあ、そだてよう／土をたがやし、うねを作ろう／よいなえをえらぼう／なえをうえよう／水やりをしよう／草とりをしよう／ひりょうをやろう／つるがしげってきたら／サツマイモの花は、どんな花？／土の中はどうなっている？／さあ、しゅうかくだ／おいしく食べよう／水だけでそだつ!?／もっと知りたい！　サツマイモ